呀，成语就是历史

第1辑

秦汉·上 ①

国潮童书 / 著　丁大亮 / 绘

台海出版社

目录

❸ 草根皇帝"刘老三" ············· 79

马上进入秦汉时期！我们要去感受大一统王朝的风采了！

"皇帝"称号的老祖宗

都说"**爱拼才会赢**"，秦王嬴（yíng）政确实爱拼，也确实赢了——

公元前 221 年，三十九岁的嬴政
打败了六国，统一了天下！

哈哈，我要做第一个皇帝！

秦始皇

他给自己取称号时，觉得什么"皇"什么"帝"单独拎出来，都显示不了自己的功绩，于是就从"三皇五帝"中取了两个字，**创造出"皇帝"这个霸（bà）气的称号！**

因为他是秦朝的第一个皇帝，便自称"**始皇帝**"。
哈哈，这之后的所有皇帝，
可不都得把他这个"始皇帝"看作"**老祖宗**"吗?

秦始皇能赢，首先拼的是"爹"!

你知道吗? 秦始皇有两个"爹"! 一个是亲爹，
一个是仲（zhòng）父（辅佐帝王的重臣）。

qí	huò	kě	jū
奇	货	可	居

成语

就和秦始皇的仲父　吕不韦有关。

这个成语指把稀有的货物囤（tún）积起来，等待高价出售。
也比喻凭借某种独特的技能或独占的事物牟（móu）利。
你可以这样用: 爸爸得了一件玉雕（diāo），以为奇货可居，
谁知专家鉴（jiàn）定出来那玉雕只是个普通的装饰品。

公元前 265 年，大商人吕不韦在赵国邯郸（hán dān）遇见了
秦始皇的亲爹——正在赵国做人质的秦国公子嬴异人。

他顿时觉得这位公子是"奇货"，
可以"囤居"起来。

你可是个"奇货"，我得好好囤着！

你对我真好！

吕不韦

嬴异人

回到家，吕不韦就跟父亲讨论起 **"大生意"** ——

吕不韦问："耕田可获利几倍呢？"

父亲回答："十倍。"

吕不韦又问："贩（fàn）卖珠玉能获利几倍呢？"

父亲回答："百倍。"

吕不韦再问："拥立国家的君主能获利几倍呢？"

父亲惊叫道："无数！"

老爸，我这份"秦王打造计划"怎么样？

吕不韦父亲

小目标

吕不韦

太有出息了，在投资方面你都要超过我了！

仲父吕不韦迅速展开一系列操作，
他先让异人成为太子，
还把自己的爱妾赵姬（jī）送给异人做老婆。
后来赵姬生下了嬴政。

异人的运气不错！
当异人从赵国回到秦国七年后，他就当上了国君，
成了秦庄襄（xiāng）王。

泡沫越大，价格越高！

嬴异人

吕不韦

吕不韦呢？他成了秦国丞（chéng）相！
从一个商人变成一国丞相，
吕不韦"奇货可居"的豪赌（dǔ）成功了！

三年后，秦庄襄王去世，十三岁的嬴政登基为秦王。
吕不韦继续当丞相，并且趁着嬴政还小，把持秦国朝政。

当时是战国末期，许多文人写书提出自己的主张和学说，
这些著作广为流传，**吕不韦看着非常眼热。**

他召集三千多名学者，花了六年时间，
编（biān）了一部二十多万字，自认为包揽（lǎn）"天地、万物、
古今"的"奇书"——**《吕氏春秋》，**
还开了个盛大的**"新书发布会"。**

他请人将全书誊（téng）抄整齐，
悬挂在国都咸（xián）阳的城门口，
声称**如果有谁能增加或删减一个字，
就赏给他千金！**

很多天过去了，虽然有很多人来看，
但没有人改动一个字。

这就是成语 一字千金 (yī zì qiān jīn) 的由来。

"一字千金"形容诗文、书法价值很高或文辞精妙。

吕不韦组织编写《吕氏春秋》还有一个目的，
就是想给秦国的执政者提供治国方略。
那秦王嬴政喜欢读这部"完美"的教科书吗？

答案是：不！

> 大王，这部书是专门为您编的哟！

孤愤

吕氏春秋

秦王嬴政

吕不韦

不好意思！嬴政的偶像是韩非，他的枕边都是韩非写的文章。
作为一个有抱负的国君，他此刻想的是夺权，让仲父退休！

后来，嬴政镇压了一次造反，
真让吕不韦退休了！

造反的人是一个叫嫪毐（lào ǎi）的人。
嬴政查到嫪毐是吕不韦送进宫的，于是抓住这个把柄，
炒了吕不韦的"鱿（yóu）鱼"，让他回封地洛阳去了。

秦王嬴政还发现，吕不韦以前批准过

一项非常庞大的水利工程。

那个负责修渠（qú）的总工程师叫郑国，
他发动了很多劳工去开凿（záo）一条三百多里的大渠。
工程虽然造福百姓，但花费巨大！

好好干，我看好你哟！

放心，看我的！

吕不韦

施工

安全

郑国

而且郑国是韩国派来的间谍（jiàn dié）**！**
嬴政顿时气炸了，看那些来秦国当官的外国人特别不顺眼。
他下了一道**"逐客令"**，
要把在秦国当官的外国人都赶出去。

我被外国人伤透了心！

秦王嬴政

外国人

这就是成语

xià zhú kè lìng
下 逐 客 令

的由来。

泛指主人赶走不受欢迎的客人。"逐"字的甲骨文字形像一个人在赶猪，就是"赶走"的意思。你要是在图书馆大声喧哗（xuān huá），肯定会被管理员下逐客令的。

这些即将被赶走的人里，就有嬴政未来的丞相——李斯。

他就是嬴政将来要拼的人才中**特别厉害的，也是影响力特别大的人**（好的和坏的方面都有）！

我不能走，我的才能还没发挥呢！

李斯

回你老家发挥去，别害我们了！

李斯刚来秦国时，做了吕不韦的门客。后来他在秦国当了官，成了"客卿（qīng）"（古代指在本国做官的外国人）。好不容易有了这样的地位，他还没实现更大的梦想，

李斯可不甘心就这样离开秦国！

要知道，李斯以前在楚国的一个郡（jùn）县当小官时，就很会观察和思考了。他曾对比两个不同环境里的老鼠，

发出了

rén	shǔ	zhī	tàn
人	鼠	之	叹

。

叹什么？你看——

> 都是老鼠,差别怎么这么大呢？唉,都是人,怎么我和大官之间的差别也那么大呢!

máo
茅房

李斯

粮

> 讨生活而已!

> 生活倍儿爽!

原来李斯是感叹茅（máo）房的老鼠和粮仓的老鼠,
明明都是老鼠,怎么茅房的老鼠混得这么惨,
粮仓的老鼠却过得那么舒服呢？李斯从老鼠联想到自己,
认为**一个人有出息还是没出息,
是由他所处的环境决定的。**

李斯可不想做茅房里的老鼠！他下定决心要做出一番成就。
于是李斯辞掉工作,拜荀（xún）子为师,
学习辅佐帝王治理天下的学问。

你马上要毕业了，你的梦想是什么？

荀子

李斯

老师，我决定去秦国！

这就是"李斯溷（hùn）鼠"的故事。这个词语带有贬义，比喻人热衷于追求名利。"溷"是"肮脏、混浊"的意思。

可是现在李斯马上要被"逐客令"赶出去了，怎么办？

没关系，李斯写了一篇文章——

他的代表作，高中语文要学的课文《谏（jiàn）逐客书》。

谏，指规劝（君主、尊长或朋友），使他改正错误。

语文老师会告诉你，这篇文章有两个突出的艺术特色：

一是很有文采，气势奔放；

二是善于运用比喻。

比如成语

guǒ zú bù qián

裹足不前

就具备这两个特点。

"裹"字的字形是用衣服包住瓜果，有包、缠绕的意思。在文章里用"逐客令"比喻会让天下贤人的脚像被缠住一样不敢进入秦国。这个成语现在多形容心里有顾虑（lǜ），不向前走。比如在运动会上，你们班跑步比赛输了，你可以给大家鼓劲说："我们不能因为这一次失败就裹足不前，还有其他比赛项目呢！"

这文章一出，**嬴政立马被"砸**（zá）**"清醒了！**
他收回了"逐客令"，把李斯追了回来。

留下来吧！我需要你帮我扫灭六国、平定天下！

李斯

秦王嬴政

李斯被追回来后，并没有成为秦国当时最高级别的官员——丞相，而是做了廷尉（tíng wèi）。廷尉是主管司法的最高官吏（lì）。后来秦王嬴政统一六国、建立秦朝后，李斯才做了丞相。

经过多年的发展，嬴政有权、有人、有钱了！

干点啥呢？当然是灭六国，统一天下！

从公元前 230 年开始，秦王嬴政鼓足干劲跟六国打了近十年！

到公元前 221 年，韩、赵、魏、楚、燕、齐都被秦国灭掉了！

大秦帝国 冉 冉 升起！

rǎn

六国灭亡，整个天下都是秦王嬴政——不，应该称"**秦始皇**"的了。

秦始皇

嬴政开始拼自己！他首先拼创造力！

作为千年帝制的创始人，**他留下了一系列的创举——**

秦始皇创造力"爆（bào）"表

创举一，正名称：发明了"皇帝""始皇帝""朕""制""诏（zhào）"等新鲜的称谓（wèi）。

创举二，集权力：废分封，设郡县，创新管理制度。

创举三，促统一：统一货币、度量衡，车同轨（guǐ）、书同文。

创举四，搞工程：连接万里长城，建骊（lí）山陵、阿房（ē páng）宫。

创举五，扩交通：修建驰道、直道、五尺道及灵渠。

创举六，大巡视：封禅（shàn）刻石，巡视国家各地。

"书同文"指全国统一用一种文字——小篆（zhuàn）。这项工作是由李斯主持的，他简化了原来使用的大篆，制定了小篆，并使文字的书写简易化。他的小篆精简、朴实有力，后世书法家对他的书法评价很高。所以，李斯的第二个才能是书法。

看这些创举，嬴政真不愧"始皇帝"这个称号！

不过，创新不是谁都能接受的。

比如，"废分封，设郡县"这个创新的管理制度就

引来了争议，还引发了惨案！

一开始是丞相王绾（wǎn）和廷尉（tíng wèi）李斯产生了争论。

李斯

王绾

正方

反方

土地和权力都是"老大"的，只派郡守县令去管理，管不好就换人管。郡县制不好吗？

"老大"太累了！把土地和权力分给儿子们，让他们一起看家护院。分封制不好吗？

结果正方李斯胜出！

可是争论并没有停止。郡县制推行了几年后，
一个叫淳（chún）于越的博士（秦朝时的一种官职）
又跳出来反对郡县制。李斯觉得淳于越是读书读得脑袋"进水"了！

他向秦始皇建议"焚（fén）书"。

李斯建议，除了秦帝国史官写的史书，还有医学、占卜、农学之类的实用书籍（jí），其他书都要烧掉，也不准人私藏。秦始皇觉得这个建议不错，立刻"点火"烧书。

秦始皇的这把火，

后人称为 **祖龙一炬**。
（zǔ lóng yī jù）

"祖龙"是传说中最古老的龙，这里代指秦始皇。这个成语的意思是一把火烧掉。

当了几年皇帝，秦始皇又有了个新想法——

寻找长生不老药。 方士（古代从事求仙、炼丹等活动的人）侯生和卢生骗秦始皇说他们俩能找到长生不老药。没想到钱财一到手，他们就开溜（kāi liū），还到处说秦始皇的坏话。秦始皇知道后大怒，抓了四百六十多个和这件事相关的儒（rú）生和方士，将他们活埋了。

你们都议论皇帝什么了？

我啥也没说呀！

我正在做饭啊！

我刚刚在睡觉……

上面说的这两件事组成了一个成语——

fén shū kēng rú
焚书坑儒。

咱们平时可能用不到它，但是必须要知道这件事，并把它当作历史教训。

百姓和官员们都害怕秦始皇，只能在心里骂几句。
秦始皇的大儿子扶苏很正直，他忍不住为杀害儒生这件事
说了一句公道话，没想到居然因此**被他亲爹赶出了咸阳。**

> 老爸，你这次做错了呀！

> 既然不认同我的做法，那你就滚吧！

秦始皇

扶苏

好吧，你是皇帝，你继续！

秦始皇对"长生不老"和"修仙"越来越上瘾（yǐn）。
他相信，世界上有个**蓬莱（lái）仙境，**
也就是传说中神仙住的地方。

秦始皇派徐福（另一说叫徐市）带上三千童男童女
和一支军队，前往蓬莱仙境，**寻求长生不老药。**

咱们快走，别被他们找到了！

蓬莱

徐福哪里找得到什么仙岛仙药呢？

他求不来药，又不敢回去，最后在茫茫大海上"失联"了。

后来人们用 徐市求仙 这个成语，

xú fú qiú xiān

比喻不切实际的幻想。

徐福到底去哪里了？

据《史记》记载："徐福得平原广泽，止王不来。"意思是徐福得到了一个富饶的平原，立国称王，不再回来了。

那么，这个平原到底是哪里？据学者分析，可能性最大的是朝鲜或日本。可是朝鲜那时候已经和秦朝建交了，如果徐福去了那里，秦始皇不可能不知道。所以最有可能的是日本。连日本的历史书中都提到徐福去了日本。《日本国史略》是这样说的：孝灵天皇七十二年，秦人徐福来。现在，日本的和歌山县新宫市有个公园叫徐福公园。相传徐福曾教授当地人渔耕等技艺，被称为那里的开拓（tuò）者。这个公园就是为纪念徐福而建的。

这么说来，徐福可是中日文化交流史上的第一人呢！

在这里当"神仙"也不错呀！

给秦始皇提意见，用硬碰硬或者欺骗的方法是行不通的。
但"喜剧人"优旃（zhān）给秦始皇提了很多意见，
都被接纳了。

优旃成了秦朝的"第一谏客"。

比如，有一次秦始皇想扩大自己打猎的地盘，
可扩建猎场会占用耕地，
大臣们很头疼，不知道该怎么劝谏。
优旃却说——

扩建猎场真是太好了！咱们多养点鹿，
敌人来了就用鹿角去撞他们！

优旃

秦始皇

优旃正话反说，让秦始皇打消了扩建猎场的念头。
他这种巧妙的说话方式，

tán	yán	wēi	zhòng
谈	言	微	中

可以用成语 谈言微中 来形容。

指说话委婉（wěi wǎn）但非常中肯。"微"就是微妙；
"中"是"讲在点子上"的意思。

当然，一般情况下，秦始皇也不会太过分，
毕竟国家是有法律的，自己制定的法律自己不遵守，
怎么能起到示范作用呢？

虽然大家总吐槽（cáo）说**秦朝的法律太苛（kē）刻，**
但是在那个刚刚平息战乱的年代，只有严明的法令才能
保证国家秩（zhì）序良好，让老百姓安心生活。

有一个成语叫

qín	jìng	gāo	xuán
秦	镜	高	悬

就说明人们在一定程度上对秦朝严明的法令是持肯定的态度。

"秦镜高悬" 比喻官员断案公正。也可以说 **"明镜高悬"**。

据说秦始皇的皇宫里真有一面 "魔镜" ！这面 "魔镜" 宽四尺、高五尺九寸，正、反两面都能照人。它不但能照出人体内哪里生病了，还能分辨谁是坏人。秦始皇经常用这面镜子检验身边的人是好是坏。

其实秦始皇拼来拼去，
最根本的还是拼体力！

毕竟以前可没有计算器、手机、电脑……这些好用的工具。要管理一个从来没有过的大帝国，秦始皇也真是不容易！

而且秦始皇是个 **"工作狂"**，他每天用秤（chèng）来称（chēng）公文的重量，不看完一定的量不睡觉。都这么忙了，秦始皇还要找时间坐车去全国各地巡视督（dū）察，封禅（shàn）刻石（"封禅" 是古代帝王到泰山举行祭祀天地的典礼；"刻石" 指在石上雕刻）。

比如李斯就在泰山刻石碑（bēi）、唱赞歌，

说秦始皇天天工作很忙，

sù	xīng	yè	mèi
夙	兴	夜	寐

"夙"是早的意思；"兴"指起来。成语的意思是起得早，睡得晚。形容勤奋。**你可以这样用：** 在攻克难题的阶段，科学家们经常夙兴夜寐地工作。

终于，秦始皇在巡视沙丘时病了。

他预感，拼自己是拼不下去了。

到了该拼儿子的时候了！

秦始皇写了封遗书，要大儿子扶苏回咸阳，主持自己的后事。

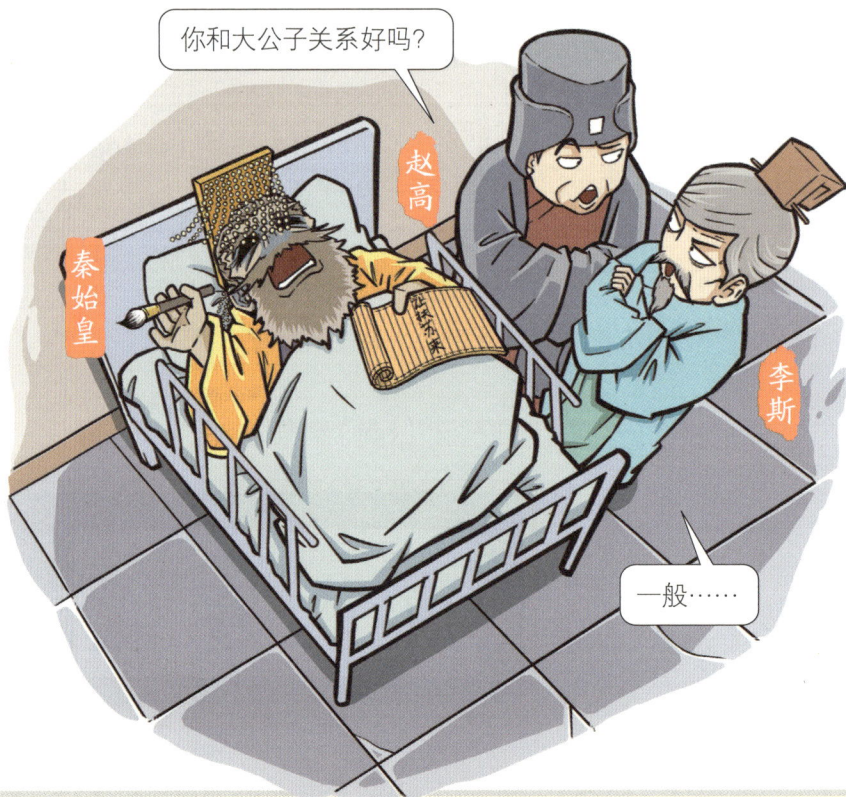

你和大公子关系好吗？

赵高

秦始皇

李斯

一般……

如果当时是扶苏继承皇位，

也许大秦帝国还可以延续几百年。

可是赵高和李斯改了诏书——**让扶苏自杀，**

并赐（cì）死了掌管三十万大军的大将军蒙恬（tián）。

你爸让你去下面陪他！

李斯

听爸爸的话，孝顺最重要……

赵高

扶苏

扶苏真是个孝顺的好儿子，别人这么说他就真去做了，都不过过脑子，就去赴死了。

唉，扶苏啊扶苏，你怎么想的呀！

这下好了，秦二世胡亥（hài）高兴地登场！
赵高升职了，李斯继续当丞相，

大家一起高兴！

胡亥刚上位的时候还搞了半年的大赦（shè）天下，让各种工程停工。做苦力的百姓终于可以喘口气了。

但没过多久，在赵高的"教导"下，
胡亥开始了"连环杀"！

"第一杀" 是干掉支持过他哥哥扶苏的大臣，
比如大将军蒙恬的弟弟蒙毅（yì）。**理由是什么呢？**
以前蒙毅奉旨办事时得罪过赵高，这就是最好的理由了。

蒙毅当然要自救。 他对秦二世说，
以前有秦穆（mù）公杀三位贤臣，
秦昭襄（zhāo xiāng）王杀白起，
楚平王杀伍奢（shē），吴王夫差杀伍子胥（xū），
天下人都觉得他们残暴。
这几个国君的名声在诸（zhū）侯国中特别不好。

这就是 | shēng | míng | láng | jí |
| 声 | 名 | 狼 | 藉 | 的由来。

意思是名声坏到了极点。"声名"是名誉；"狼藉"
是乱糟糟。

蒙毅的自救方法错了！他看错了秦二世！
秦二世哪里是在乎名声的人呀！

你哪只眼睛看出来我在乎名声这东西？

秦二世

蒙毅

蒙毅就这样被杀了！

这 **"第二杀"** 杀的是胡亥的兄弟姐妹。

胡亥听信赵高的谗（chán）言，认为兄弟们会抢他的皇位，就杀了自己的十二个兄弟。这种事在历史上也不少见，可他连十个姐妹也杀了！

秦始皇

你够狠！

省得争权，省心！

秦二世

大臣们十分害怕，每个人都觉得自己不安全，有危险，生怕哪天一不留神就被胡亥杀了。

rén	rén	zì	wēi
人	人	自	危

这就可以用成语 **人人自危** 来形容。

"第三杀" 杀谁？你肯定想不到——
竟然是支持胡亥上位的李斯！
为什么呀？因为赵高想当丞相了，他要除掉挡路的人。
李斯悔得肠子都青了！
临死前，他边哭边说——

我多想再一次带着儿子和大黄狗去东门追兔子呀！

李大人，别说了！

李斯

成语 **东门黄犬**（dōng mén huáng quǎn）就是这样来的。

指人做官遭（zāo）遇祸（huò）事，后悔抽身太晚。

这样的"连环杀"下来，人们觉得胡亥太可怕了！
因为在胡亥眼里，人命就像野草一样，
可以随意残（cán）害，

用成语来形容就是 **草菅人命**（cǎo jiān rén mìng）。

这个成语指任意害人性命。

而赵高想当"男主角"，
只要有人不服，敢阻挡他，他就杀掉那人。

可是怎么把服他的人和不服他的人区分开呢？

赵高有绝招！

有一次在朝堂上，赵高说要送一匹好马给胡亥，却牵来了一头鹿。

不是说是马吗？怎么是鹿？

是鹿还是马，问问大家不就知道了！

秦二世

赵高

有人不说话，有人说是马，也有人说是鹿。

什么？居然有人敢说大实话？

赵高立刻暗中把那些说是鹿的人杀了。

成语 **指鹿为马**（zhǐ lù wéi mǎ）就出自这个故事。

比喻故意把错的说成对的，把对的说成错的。

没有天理了，

秦朝还进行得下去吗？

这时，一个叫陈胜的农民起义了！

陈胜年轻时给人当雇（gù）工。一天，他对耕田的伙伴们说，
以后谁富贵了，可别忘了一起搬砖挖地的穷兄弟。
大伙儿听了觉得好笑，他们卖力气给人家种田，
怎么富贵得起来？**陈胜叹气：**

燕雀怎么会知道
鸿鹄（hóng hú）的志向呢！

别忘了我们呀！

我要飞得更高！

陈胜

成语

hóng hú zhī zhì

鸿鹄之志

比喻远大的志向。"鸿"是大雁；"鹄"指天鹅。**你可以这样用：** 总有一天我要坐着自己发明的飞船去火星探险，这就是我的鸿鹄之志。

公元前 209 年，陈胜和九百多个农民兄弟一起去渔阳驻守长城。他们走到大泽乡时，天上下起了大雨，泥巴路太滑了，人根本走不了。可是如果没有在规定时间到达渔阳，**根据秦国法律，所有人都得死！**

领队的陈胜和吴广觉得好汉即使要死，也要死得有价值，**与其送死不如起来反抗。**

他们喊出了那句流传到现在的口号：

"王侯将相宁（nìng）有种乎！"

意思是那些称王侯拜将相的人，难道天生就比我们高贵吗？

丑小鸭美天鹅宁有种乎!

我们都要变成天鹅!

于是，**中国历史上第一次大规模的农民起义战争爆发了!**

起义军没有武器，就砍树木当武器，举起竹竿当旗帜。

这就是成语

jiē	gān	ér	qǐ
揭	竿	而	起

的由来，

现在泛指人民起义。**你可以这样用：**唉，残酷的统治终会逼得人们揭竿而起，反抗到底。

等等！

起义这种丢脑袋的事，是陈胜、吴广几句激情演讲就能搞定的？
哈哈，其实他们还是**想了几个办法来"造势"！**

办法一：算一卦（guà）问吉凶！

陈胜

吴广

大吉！干就是了！

办法二：
写"丹书"塞鱼肚！

办法三：点篝（gōu）火扮狐狸叫！

大楚兴，陈胜王（wàng）。

成语　篝（gōu）火（huǒ）狐（hú）鸣（míng）　就由办法三总结而来。

"篝火"指晚上在竹笼里点火，隐隐约约的就像鬼火。陈胜点起"鬼火"，学狐狸叫，用这种方式来装鬼神，吓唬（xià hu）人。现在这个成语比喻用计谋策（cè）划起事。

这时的胡亥还在皇宫里玩乐呢！

他不喜欢听到"有人造反"这样的坏消息，于是臣子说，哪有人敢造反？他们只是一群像老鼠和狗般的盗贼，小偷小摸，没事的，皇帝别操心。

哈哈哈！没什么好说的！

秦二世

赵高

这里有两个成语。

shǔ	qiè	gǒu	dào
鼠	窃	狗	盗

比喻小偷小摸。

成语

hé	zú	guà	chǐ
何	足	挂	齿

意思是哪里值得一提。"何足"是哪里值得；"挂齿"指挂在嘴边，提起。原本表示轻蔑（miè）的意思，后来多用来表示客气。比如，好朋友有困难你出了点力，他非常感激，你可以对他说"这点小事何足挂齿"。

胡亥哪里会知道越来越多的人加入陈胜、吴广的队伍中。
著名的谋士蒯（kuǎi）通还给起义军出了很多好主意，
让他们不用战斗就能攻破一座座

gù	ruò	jīn	tāng
固	若	金	汤

的城池。

这个成语形容城防非常坚固，不易攻破。"金"指金属铸（zhù）造的城墙；"汤"指严密防守的护城河。

待遇不错呀！

陈大王优待俘虏（fú lǔ）！

城池坚固有什么用，吃的喝的都比不上我！

可惜，陈胜、吴广领导的起义还是失败了。

不过秦朝的命也不长了！

胡亥和赵高"狗咬狗，一嘴毛"，
两人一前一后死掉了。
子婴（yīng）（胡亥兄长的儿子）继承了皇位。
但他上位四十六天后，都城咸阳被攻破，子婴只能穿着白衣，
骑着白马，**手捧天子的印章投降**（tóu xiáng）**了。**

从此
sù	chē	bái	mǎ
素	车	白	马

就跟亡国、破家联系上了。以前指办丧事用的车马，
后来被用作送葬。

秦始皇大概做梦也没想到，

他创立的帝国
只存在了十五年吧！

2

不做皇帝做霸王

杀到咸阳，在灞（bà）上接受子婴投降的人是**刘邦**。

哇，那刘邦就成秦王了吧?

我也想……可他不让!

项羽

刘邦

他是谁?

西楚霸王——项羽呀!

哇，真霸气! 要知道，他从小就霸气得不得了!

两件事情，两句话，就让人惊掉下巴！

第一件事情：

项羽小时候念书，嫌（xián）读书没用；学剑，又嫌剑术简单。叔叔项梁（liáng）问他究竟要学什么，他说——

> 我是要干大事的人，要学就学一个人能打一万人的本领！

项羽

项梁

> 这个志向大！

成语

wàn	rén	zhī	dí
万	人	之	敌

就是从这里来的。

这个成语指武艺高强可战胜强敌，也指善于领兵以抵御（yù）数量众多的敌人。还可以写成"万人敌"。"敌"是"对抗、抵御"的意思。

于是，叔叔项梁教了项羽能敌万人的兵法。

第二件事情发生在秦始皇乘坐大船出巡时。

秦始皇作为

kōng	qián	jué	hòu
空	前	绝	后

jué	wú	jǐn	yǒu
绝	无	仅	有

的千古一帝，他出巡，**那威风，那排场，**

只怕是把你知道的如

huān	shēng	léi	dòng
欢	声	雷	动

rén	shān	rén	hǎi
人	山	人	海

等形容大场面的成语全用上，都不够形容的。

你知道上面几个成语的意思吗？我给你找出来啦！

空前绝后：从前没有过，今后也不会再有。夸张性地形容没有相同的或没有可以相比的。

绝无仅有：只有一个，再没有别的。形容非常少有。

欢声雷动：欢呼的声音像雷响一样。形容热烈欢呼的动人场面。

人山人海：人群如山似海。形容人聚集得非常多。

这样难得见到的场面，

wàn rén kōng xiàng

当然会 **万 人 空 巷** 了！

形容某件事情非常轰动，或者欢迎、庆祝等活动特别热闹的情景。"空巷"指巷子里空空荡荡的没有人。**比如，**钱塘（táng）江观潮日这天，整个城市万人空巷，大家都在观潮点等待着那壮丽的一刻。

项羽

那时候，项羽和叔叔项梁也挤在看热闹的人群里。
看见秦始皇，项羽竟然说自己可以

qǔ	ér	dài	zhī
取	而	代	之

！

这个成语指夺取别人的地位或利益，由自己代替。

找死呀！你怎么不直接拿个麦克风喊？

项羽

项梁

我带了，但是忘记开开关了……

口气够大，项梁差点惊掉下巴！

不过，你以为项梁真是带项羽去看热闹的吗？

他们是去认"仇（chóu）人"的！

项羽的爷爷项燕是楚国的大将军，秦灭楚国时，项燕被杀死。

家族之仇和灭国之恨，都不能忘！

项梁抓住陈胜、吴广起义的时机，也起兵反秦。
他还找到楚怀王的孙子熊心（那时他正在民间放羊），
拥立熊心做了新一代的楚怀王，并恢复楚国的国号。
小小的项羽一直跟着项梁，经过战争的洗礼，

真的成了军事天才！

他天生神力，勇猛有气概，
立下了很多功劳，在军中很有威望。

楚怀王

他就是我们失散多年的楚王！

项梁

项羽

楚国复国后，其他战国时期的诸侯后代也纷纷冒出来，并复国。

就在这样的形势下，

章邯（hán）带领秦军偷袭项梁，把他杀掉了。
之后，章邯又一个一个消灭那些复国的战国诸侯后代——
赵国的国君和军队已经被围困在巨鹿城中三个月了。

唉，只怕这刚复国的赵国又要被灭了！

项羽是着急跳脚地想赶过去打章邯，

可急也没用呀！他没兵权！

楚怀王让宋义做上将军带兵去巨鹿，项羽为副将。
副将得听主将的。可大军走到安阳就不走了，
一待就是四十六天。项羽去找宋义理论，
宋义却说最重要的是灭秦，不是救赵。
等秦赵都打累了，
去捡个便宜就好了！
更让项羽受不了的是，
宋义还说——

宋义

项羽

穿上铠（kǎi）甲，拿着锋利的武器去拼命，
这我不如你。可要说运用计谋，你就不如我了。

这里有个成语

pī	jiān	zhí	ruì
披	坚	执	锐

意思是身穿坚固的甲衣，手拿锋利的兵器。形容全副武装，准备参加战斗。

宋义呀！你不要命了！

你以为项羽是病猫呀！

这不，宋义没多久就被项羽杀了……项羽成了上将军。

兵权虽然到手了，可这仗是真不好打呀！

项羽率（shuài）领的楚军只有大约五万人，秦军却有四十万。

其他各国的援（yuán）军呢？

嘿，他们都远远地站在军营的壁垒上观望呢！

光有看干吗！下来帮忙啊！

加油！

我们先观摩（mó）学习……

项羽

zuò   bì   shàng guān
成语 **作壁上观** 便由此而来。

这个成语比喻把自己置（zhì）身于事外，不表达意见或态度。"壁"是壁垒，军营周围的高墙。

没有援军，人数少，**项羽也不怕！**
他率领士兵渡河后，马上干了一件霸气得吓死人的事！
这件事分为三步——

第一步：吃饭砸锅

吃饱饭砸掉锅，留三天的干粮！

吃也没的吃了！

项羽

第二步：凿(záo)洞沉船

上岸就把船凿沉了！

逃也没法逃了！

项羽

第三步：放火烧房

把附近能住的地方都烧了！

躲也没地方躲了！

项羽

这就叫 **pò fǔ chén zhōu 破釜沉舟**！

意思是把饭锅打破，把渡船凿沉。比喻不留退路，下定决心干到底。比如，创业需要有破釜沉舟的勇气，还要有鼓足干劲一拼到底的决心。

退路没了，奇迹来了！

楚军士气振奋，异常勇猛，好像有了分身术一样，

都能 **yǐ yī dāng shí 以一当十** 了！

这个成语指一个人可以抵挡十个人。多形容人英勇作战，能够用少数战胜多数，非常厉害。"当"是阻挡的意思。你可以这样用：拔河比赛时，他以一当十，我们班赢得了比赛。

楚军大破秦军！

二十六岁的项羽一战成名！

巨鹿之战也成了历史上有名的以少胜多的战役（yì）之一。

那个"蟑螂（zhāng láng）"呢？错了，秦将章邯呢？
他带着剩下的二十多万秦军投降了，并对着项羽痛哭求饶，
说一切都是赵高的错，他愿意做项羽的兵。
这招真管用！ 项羽收编了章邯和那二十多万秦军。

就这样，凭借着绝对的武力和强盛的气焰，项羽折服了各国军队，
成了他们实际上的首领。然后他带着六十多万的联军队伍，
向咸阳进军了！他没有忘记和楚怀王的约定——
他和另一个将领刘邦谁先攻下咸阳，**谁就是关中王！**

这个肉包子，谁抢到
谁就是关中王！

楚怀王熊心

刘邦

怀王之约

项羽

"关中王"算什么？不稀罕（xī han）！
但是，比赛绝对不能输！

几十万大军的行军速度很慢，刚收编的秦军军心也不稳，
项羽三天两头地要给他们做心理辅（fǔ）导工作，好麻烦呀！

项羽一任性——我的天！

将这刚收编的二十多万秦军给活埋了！

真没人性！

没有的事！假新闻！

不好意思，没的选，只有一个版本！

项羽

史记

关于项羽坑杀已经投降的二十多万秦军这件事，现存史料中只有司马迁的《史记》里有记载。

这一顿操作结束后，前方竟传来刘邦那家伙已经抢先进入咸阳，接受秦王子婴投降的消息……

比赛结束了吗？

并没有！

我们要想想清楚，在现在的形势下，

到底谁说了算？

我是"关中工"了！

刘邦

哼，要不是我打败了秦军主力，你怎么可能攻入关中！

项羽

项羽带着四十多万联军，随随便便往那儿一站，
刘邦就乖乖退让了。项羽顺利进入咸阳。
一进秦宫，他就开启了疯（fēng）狂的复仇模式，

他变成了超级无敌的破坏王！

他仿照当年秦军攻占六国后的做法，抢夺秦宫里的财宝，
烧毁（huǐ）咸阳的宫殿，还把投降的子婴也杀了。
未完工的阿房（ē páng）宫和秦始皇陵都遭到了破坏——
大火连续烧了三个月！

终于报仇了！

项羽

搞完破坏，项羽要干啥呢？当皇帝吗？

项羽的回答是——回家！

没搞错吧！

天下就在手中，项羽你要回家？

谋士韩生多次劝项羽定都关中，留下来做皇帝。

项羽不愿意，给他打了个比方，说：**"富贵不归故乡，如衣绣（xiù）夜行，谁知之者！"**

这句话的意思是人有钱了、当官了却不回故乡，就像穿了上好的锦（jǐn）绣衣服在黑漆漆的晚上走路，谁知道他呀？

你在咸阳怎么就非得晚上出来？

韩生

项羽

我在这里得罪的人太多了，白天不敢出门……

这里有个成语

yī jǐn yè xíng
衣锦夜行,

意思是穿着锦绣衣服在夜里走路。比喻虽然身居高位，却不能让人看到自己的荣耀。

原来项羽是想在富贵以后穿着华丽的衣服回到故乡！

成语

yī jǐn huán xiāng
衣锦还乡

古时指做官以后，穿上锦绣的衣服，回到故乡向亲友夸耀。

这个韩生听到项羽这么说，随口说了句**要自己命的话：**

"人言楚人沐猴而冠耳，果然。"

这句话里的

mù hóu ér guàn
沐猴而冠是个成语，

意思是猴子戴着帽子，装扮成人的样子，可到底不是人。比喻外表装扮得很像样，内里本质不好。常用来讽（fěng）刺依附权势，想窃取他人名位的人。

项羽

韩生

唉，戴着帽子坐在王座上也还是只猴子呀！

他竟然骂项羽不是人！

项羽火了，当场就把韩生丢进了大锅里。

唉，话不能乱说呀！

项羽想：**回家前，总要有个叫得响的名声吧！**
于是他封自己做 **"西楚霸王"**，
并把家乡江东在内的最大的一块地盘分给自己。
接着，他又按军功大小，一口气封了十八个诸侯王，
并分了地盘给他们。原来统一的天下又被割成一块一块的了！

之后，项羽回到楚国，用架空、迁徙（qiān xǐ）、暗杀三步干掉楚怀王，悠（yōu）然地过起自己的日子了。

刘邦呢？ 他分到了巴、蜀（shǔ）、汉中三块地盘，成了"汉王"。**关中王变汉王，** 这损失也太大了！刘邦怎么会甘心呢？

楚汉争霸赛马上开始！

没两年，刘邦趁项羽去齐国平乱，
联合五路诸侯共五十六万大军，占领了楚国的都城彭（péng）城！

搞偷袭不讲武德！等我回来干掉你！

刘邦

项羽十大
罪状！

项羽

你也不是什么好人！

项羽让其他将士留下攻打齐国，自己带领三万精兵杀回彭城。

三万对五十六万，你认为结局会如何？

结局竟是项羽登上了他军事生涯（yá）的顶峰！

和他相反，彭城之战成了刘邦一生中最惨痛的败仗！

正面战争打不过，刘邦变身成"乌龟"和"跳蚤（tiào zao）"，
和项羽开始了相持战和骚（sāo）扰战。
项羽对刘邦说——

我们单挑决胜负吧！

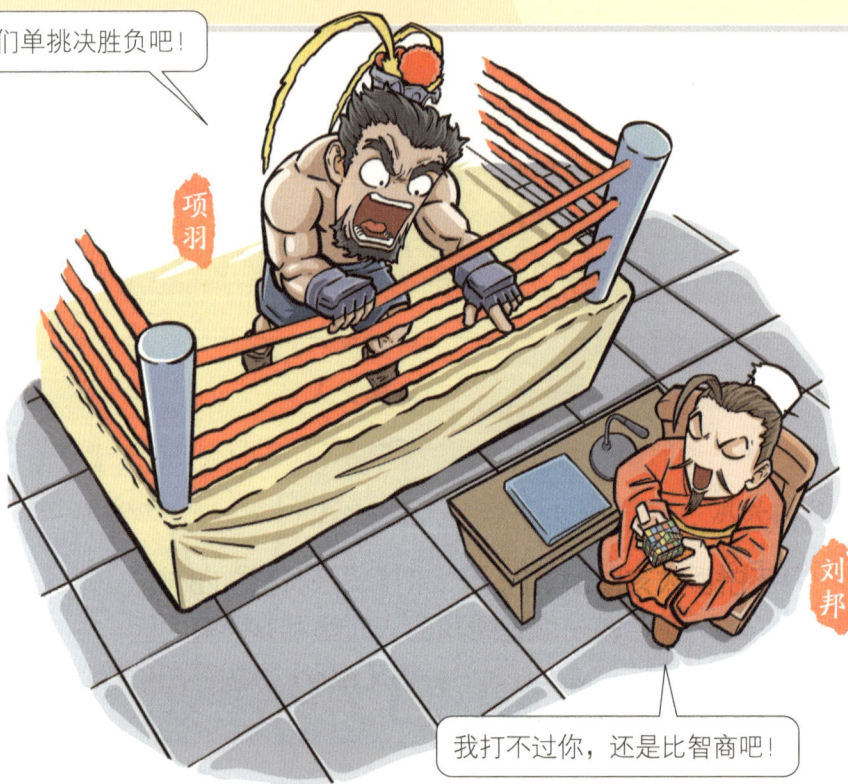

项羽

刘邦

我打不过你，还是比智商吧！

《史记·项羽本纪》中项羽的原话是："天下匈（xiōng）匈数岁者，徒以吾两人耳，愿与汉王挑战决雌（cí）雄，毋（wù）徒苦天下之民父子为也。"

项羽的原话，就是成语

tiān	xià	xiōng	xiōng
天	下	汹	汹

和

yī	jué	cí	xióng
一	决	雌	雄

的由来。

"天下汹汹"形容局势不安定，百姓喧扰。"汹汹"就是喧扰的意思。"一决雌雄"指比个高下。"雌雄"比喻胜负、高下。这个成语可不是比一比是女是男的意思哟！

唉，没办法，只能打持久战了！

刘邦赢不了项羽，项羽也赢不了刘邦。打着打着，
一次，刘邦的老爸和老婆都落入了项羽手里。
刘邦派人去讲和。项羽也打累了，同意休战议和。
项羽代表的楚国和刘邦代表的汉国以鸿沟为界，二分天下，

这就是成语 **判(pàn) 若(ruò) 鸿(hóng) 沟(gōu)** 的由来。

我们现在常说的 **楚(chǔ) 河(hé) 汉(hàn) 界(jiè)** 也是从这里来的。

以后不准超过这条线！

刘邦　项羽

同意！

"楚河汉界"怎么到了棋盘上？

你知道吗？象棋棋盘上的楚河汉界，就是刘邦和项羽划界的"鸿沟"。有人说，刘邦的大将韩信（他可是楚汉战争的当事人之一）对象棋进行了一番（fān）升级改造，完美地还原了楚汉两军的对峙（zhì）场面，楚河汉界才到了象棋棋盘上。

而象棋这种在中国有着悠久历史的传统棋类益智游戏是怎么来的，怎么定型的，有很多种说法。其中一种说法是上古时期的舜（shùn）发明了象棋。因为舜的弟弟叫象，他喜欢打打杀杀，品德也不好。舜就发明了棋，用它做教具教育弟弟。这棋就是象棋最早的样子。这么算起来，象棋可就有四千多年的历史了！

象棋下得好，兵法用得妙！

韩信

项羽

刘邦

但项羽还是太天真了，
刚划完界线，
刘邦就要赖皮了！

> 想不到吧？又是偷袭！

项羽边打边退，损失惨重。
人越打越少不要紧，
但这样的打法太不过瘾了！

彭城之战后，项羽就没有痛痛快快地打过一场仗了。

于是，**他约刘邦在垓（gāi）下决战！**

这时，项羽带领的楚军只剩下十万，
而刘邦和其他诸侯的联军却有六十万。

> 楚军都是以一当十的人啊！六比一
> 我也没把握……韩信，还是你上吧！

韩信

刘邦

> 末将领命！

怎么打？刘邦用韩信打！

项羽是"军神"，韩信是"兵仙"。

这是"军神"和"兵仙"的第一次正面对决，也是最后一次对决！
结局是"兵仙"赢了，项羽的十万人只剩下两万。

垓下之战成了项羽一生中唯一的败仗！

项羽退守垓下城，被刘邦大军紧紧围困。

唉，真是屈辱（rǔ）呀！

丢人呀！

败给我，你不必自卑（bēi）！

韩信

项羽

接下来呢？

刘邦搞起了"心理战"——
放楚国歌曲！

常回家看看，回家看看……

刘邦

我想妈妈了！

这心理战还真管用！

熟悉的音乐让楚国将士都想回家，不想打仗了。

连项羽听了也纳闷儿：难道楚国已经被汉军攻占了吗？
要不汉军里怎么这么多人唱楚歌呢？

sì　miàn　chǔ　gē

四 面 楚 歌

的效果可真不错！

这个成语比喻陷入被团团包围、四面受敌、孤立危急的困境。还可以说"**楚歌之计**"。

项羽看着美丽动人的虞（yú）姬和矫（jiǎo）健神勇的宝马乌骓（zhuī），伤感地流下了眼泪，唱出那首著名的《**垓下歌**》：

力拔山兮气盖世，时不利兮骓不逝（shì）。
骓不逝兮可奈何，虞兮虞兮奈若何！

想不到大王这么有文采！

项羽

虞姬

《垓下歌》的大意是：我的力气可拔山，豪气可盖世，时运不济呀，乌骓马也不走了。乌骓马不走了，我能怎么办呀？虞姬虞姬，我又该把你怎么办呀！

这第一句"力拔山兮气盖世"里有成语

bá	shān	gài	shì
拔	山	盖	世

指力气大得能拔掉大山。形容力大勇猛，没人能够相比。"盖世"就是超越天下人、世上第一的意思。

项羽说自己力气大可不是吹牛！

据说他可以把一个大鼎（dǐng）举起又放下，反复三次，还有多余的力气。因此人们用成语

lì	néng	gāng	dǐng
力	能	扛	鼎

称赞他。

这个成语现在形容人力气特别大。有时候也用来形容书画作品笔力雄健。

还有个成语 gāng dǐng zhī zuò 扛鼎之作，

形容作品（多指文学作品）在社会上影响广大，意义深远。
要注意，"扛"在上面两个成语里的读音都是"gāng"。

这叫 káng!

这叫 gāng!

káng 扛

gāng 扛

用肩膀（bǎng）承担物体

双手举起重物

我们读了《垓下歌》学成语，虞姬听了项羽的《垓下歌》，
就只能伤心了。"虞兮虞兮奈若何"，
项羽这时候最担心的人是她呀！

有传说虞姬请求为项羽舞剑，

唱了一首《和项王歌》——

> 汉兵已略地，四方楚歌声。
> 大王意气尽，贱妾何聊（liáo）生？

项羽

虞姬

唱着唱着，舞着舞着，虞姬趁项羽不注意，
竟然用剑了断（liǎo duàn）了自己——
她这是不想成为项羽的累赘（léi zhui）呀！

bà	wáng	bié	jī
霸	王	别	姬

这就是 **霸王别姬** 的故事。

后来人们用成语"霸王别姬"形容英雄末路的悲壮
情景。现在也比喻盲（máng）目自负导致失败。

项羽抹去眼泪，骑上宝马，率领八百多骑兵趁夜色突围。

刘邦派五千精锐骑兵去追。项羽奋力拼杀，
等他渡过淮（huái）河时，随从的很多将士都趁乱逃跑了，
只剩下一百多人跟随。结果这时项羽发现自己迷路了，
他只好去问路旁的老农。

老人家，哪条路往东边去？

项羽

那边！

信错人了！

项羽顺着老农指的小路逃去，
陷（xiàn）入了一片沼泽（zhǎo zé）。等他好不容易走出来，
他和剩下的二十八个骑兵又被汉军逼到了一座小山上。

在这种必死的情况下，

项羽指挥了一场精彩的突围战，只损失了两个人就成功突围了！

> 这局我们又赢了！

> "霸王"果然是"霸王"！

项羽

这真是最后的绝响！

在最后的关头，项羽成了战场上的绝对掌控者！

趁着汉军慌乱，项羽和二十六个骑兵一路逃到乌江，乌江的亭长早就撑（chēng）着一艘（sōu）小船等在江边，准备帮助项羽渡河逃走。**可是项羽不走了！**
他苦笑着说，老天要他死，他还渡江干什么呢？

当年我带着八千江东子弟出来……现在只剩……

江东的乡亲们不会怪你的！

项羽

项羽觉得没有脸去见 jiāng dōng fù lǎo 江东父老。

这个成语比喻家乡的父老兄弟。我们用这个成语时，一般怀有愧疚（kuì jiù）之情。比如，要是本来能稳赢的比赛输了，你也没有脸回去见一直支持你、为你加油鼓劲的江东父老吧？

最后呢？唉！

项羽血战到最后，发现汉军中有一个认识的人，他决定把自己的脑袋送给这个人，让这个人升官发财。于是，宝剑落地，西楚霸王项羽就这样死了！

他活，就满腔热情地战斗；
他死，就干脆利落地离开！

> 你怎么就不能再忍忍呢？

项羽

> 我该退场了！

唐朝的诗人杜牧（mù）写过一首《题乌江亭》纪念项羽：

**胜败兵家事不期，包羞（xiū）忍耻是男儿。
江东子弟多才俊，卷土重来未可知。**

也是要项羽忍一忍！

这首诗的意思是：胜败是兵家常事，难以预料。能够忍受
屈辱、承担重任，才是真正的男儿。江东子弟人才那么多，
若能重新整顿后再来，楚汉相争谁输谁赢还很难说。

成语 **卷土重来** juǎn tǔ chóng lái 就出自这首诗。

它比喻失败以后再组织力量，重新回来。
"卷土"指人马奔跑时扬起尘土。

那样的话，我还是我吗？霸王还叫霸王吗？

项羽

霸王至死都这么霸气！

3

草根皇帝"刘老三"

如果说项羽是自己不让自己活，

那刘邦就是运气好的典型——

我是天选之子！

刘邦

刘邦四十八岁时还只是个县级的小亭长，七年后，他就跟坐火箭一样冲上云霄，成了

汉朝的开国皇帝——汉高祖。

"天选之子"？还真是！

先看看《史记》里记载刘邦出生的传说吧！

据说，有一天，刘邦的母亲在河边洗衣服，累了就休息一会儿，打了个盹（dǔn）儿。她梦到了一条蛟（jiāo）龙，之后就怀孕（yùn）生下了刘邦。

形势需要啦！

你编这个故事考虑过你爹我的感受吗？

刘太公

刘邦

刘邦是家里最小的儿子，按排名叫刘季（后来改名刘邦），当然，乡亲们更喜欢叫他的昵（nì）称**"刘老三"**。

古人用"伯仲叔季"给家里的男孩子排序："伯"是最大的兄长，"仲"是次兄，再次称为"叔"，最小的就叫"季"。"伯仲叔季"也是个成语，指兄弟排行的次序。我们生活中用的称谓"伯伯""叔叔"，就来自这个成语。

刘邦的家里是种田的，但是他不爱下地干活，
也不爱读书，整天和朋友们到处晃荡，跟个二混子没两样。
混着混着，刘邦当上了泗（sì）水亭亭长。
这还算不上是个官，主要负责抓捕盗匪、安排劳务等。
但对刘邦来讲也不错了，**毕竟是大秦帝国的官吏呢！**
刘邦工作干得不错，还得到了去咸阳"出差"的机会。

咸阳走起——

哇，这才是大丈夫该有的样子啊！

刘邦

秦始皇

刘邦的运气真不错，一去咸阳就见到了坐车出巡的秦始皇。
见识了"真龙"的气派，刘邦感慨（kǎi）：
自己只比秦始皇小三岁，可两人简直一个天上，一个地下呀！

也不知道是不是因为见到"真龙"沾了"龙气"，
回到老家沛（pèi）县后，刘邦的运气就来了——
老婆送上门了！

你要老婆不？

刘邦

吕公

吕雉

怎么回事？

原来沛县善于相（xiàng）人的大人物——吕（lǚ）公搬家办酒席，
刘邦为了坐大堂的贵宾席位，吹了个大牛皮，
豪气地喊出了要送"一万钱"贺礼的口号。

这吕公还真有些"神"，
他一眼就看出刘邦不是个普通人，以后会有大出息，
哭着喊着要把自己最宝贝的女儿吕雉（zhì）嫁给他。

但吕雉嫁给刘邦后，日子过得可不怎么好——她得下地干活。

老三，我的手好痛！明天可以不下地吗？

刘邦

吕雉

太娇气，不惯着！

后来有人用

gōng kǔ shí dàn
攻 苦 食 淡

来形容吕雉的婚后生活。

这个成语的意思是做艰苦的工作，吃清淡的食物。形容刻苦自励。

唉，也不知道她老爸吕公怎么忍心呀！

不过，还真有人跟吕公一样识别出了刘邦的贵相。

一次，吕雉带着两个孩子在田里除草，一个老汉经过，向她讨水喝。吕雉看他挺可怜的，不但舀了水，还送了一点饭给他吃。老汉吃好喝好后，

说吕雉和孩子都是富贵面相。

老汉刚走，刘邦听说了这件事，他赶紧去追老汉。

老汉说吕雉和孩子面相里的贵气，其实都来自刘邦。

guì bù kě yán

刘邦是 **贵不可言** 的。

这个成语的意思是极其高贵，以至于无法用语言来表达。

话听着舒服，可刘邦都四十八岁了，
过的还是小老百姓的日子，哪有"变贵"的迹象？
这不，刘邦还得押送一批服劳役的人
去骊（lí）山给秦始皇修陵墓（mù）呢！

刘邦一路带队走，队伍里的人一路偷跑，
走到丰邑西边的水泽地时，人都跑掉一大半了。

师傅，我要下车！

刘邦

终点站之前不停靠的呀！

这样下去，估计到骊山，人都跑光了。
那时刘邦就只有死路一条了！
怎么办？唉，能活一个是一个吧！
郁闷的刘邦把自己灌醉了——

我不是说醉话，大家都散了吧！

这人还挺讲义气！

刘邦

反正也没地方去，要不就跟他混吧……

真没想到，这番行为下来，刘邦居然成了个小首领！
刘邦为躲避官府的追捕，带着大家躲藏在芒、砀（dàng）
两座山里，过起了"山大王"的生活。

神奇的是，来投奔（tóu bèn）的人越来越多，
刘邦渐渐有了一支不大不小的队伍。

而这时天下已经"大乱"！

陈胜、吴广起义的消息传开来，
刘邦听到后，内心也澎湃（péng pài）起来——

去哪里干点儿大事呢？

刘邦

这天，老家沛县那个杀猪的樊哙（fán kuài）来找他。

有什么好事？

原来是沛县的县令请刘邦带着他的人马回去，

一起响应陈胜、吴广的起义。

刘邦立刻领着大家回到沛县城下，可是城门关着进不去。

咋回事儿？哦，县令反悔了！

呸！你自己瞎（xiā）编的吧！

我可是斩杀了白蛇的"天选之子"啊！

刘邦

斩 (zhǎn) 白蛇是咋回事?

原来刘邦为了吸引更多的人跟着自己，编了个故事，

把自己包装成了天神"赤帝子"！

表演这个故事需要的演员和道具有——

1. 一条大白蛇。这条蛇会被塑(sù)造成天上的"白帝子"。这个道具很难得，白蛇可不是随随便便就能找到的。

2. 喝得醉(zuì)醺(xūn)醺、满脸通红的刘邦。红扑扑的脸很重要，这样更像"赤帝子"。

刘邦

《斩蛇起义》剧本道具

3. 一个伤心哭泣的老奶奶。这位老奶奶边哭边告诉人们，她的儿子"白帝子"，被"赤帝子"刘邦杀了。

4. 两三个传播故事的"吃瓜"群众。

刘邦是"赤帝子"，他的龙袍（páo）是红色的吗？

　　哈哈，不是的哟！虽说古代不同朝代的龙袍有各自的主打色，但刘邦称帝后，他没有改变秦朝龙袍的主打色黑色，而是沿用了下来。所以，刘邦当皇帝时穿的龙袍是黑色的！不过他的儿子汉文帝不喜欢黑色，把汉朝龙袍的主打色换成了黄色。汉文帝成了中国历史上有史可考的第一位身穿黄色龙袍的皇帝。唐朝的开国皇帝也喜欢黄色。他还下令不许百姓穿黄色的衣服。是不是有点儿小气？

　　其实各朝代的龙袍颜色并不统一，有的是蓝色的，有的是黑色的，有的是红色的……所以，你可别被电视剧里那一片黄澄澄（huáng dēng dēng）的龙袍欺骗了，以为所有的龙袍都是黄色的哟！

为什么你当上皇帝后还穿着红衣服？

这不是怕你们不习惯吗？要是认不出我了怎么办？

刘邦

未完待续……

福利时间

冲呀，爱拼才会赢！

不管成功还是失败，
"拼"过最重要！

好事多磨

大功告成

马到成功

功败垂成

功成名就

cù
一蹴而就

声名鹊起

前功尽弃

青史留名

yù
誉满天下

崭露头角

出师不利

quàn
胜券在握

kòu
成工败寇

尽人事，
听天命

大势已去

名利双收

jué
加官进爵

徒劳无功

不败之地

gǒuyáncánchuǎn
苟延残喘

成败在此
一举

错失良机

旗开得胜

水到渠成

千日打柴
一日烧

kuì
功亏一篑

dì
瓜熟蒂落

行成于思

我们在历史故事中看过太多的成功和失败的例子了——
有流浪多年最后称霸的晋文公重耳；
有草根逆袭成帝王的刘邦；也有四面楚歌被围垓下的西楚霸王项羽……
你能在上面的成语中，用红色笔圈出表示"成功"的成语，
用蓝色笔圈出表示"失败"的成语吗？

图书在版编目（CIP）数据

呀，成语就是历史.第1辑.秦汉.上.①/国潮童

书著.-- 北京：台海出版社，2023.11

ISBN 978-7-5168-3651-4

Ⅰ.①呀… Ⅱ.①国… Ⅲ.①汉语－成语－故事－少

儿读物 Ⅳ.① H136.31-49

中国国家版本馆 CIP 数据核字 (2023) 第 184223 号

呀，成语就是历史.第1辑.秦汉.上.①

著　　者：国潮童书	图画绘制：丁大亮
责任编辑：戴　晨	

出版发行：台海出版社

地　　址：北京市东城区景山东街 20 号　　　邮政编码：100009

电　　话：010-64041652（发行，邮购）

传　　真：010-84045799（总编室）

网　　址：www.taimeng.org.cn/thcbs/default.htm

E － mail：thcbs@126.com

经　　销：全国各地新华书店

印　　刷：天津海顺印业包装有限公司

本书如有破损、缺页、装订错误，请与本社联系调换

开　　本：710 毫米 ×1000 毫米		1/16	
字　　数：500 千字		印　张：63	
版　　次：2023 年 11 月第 1 版		印　次：2025 年 4 月第 3 次印刷	
书　　号：ISBN 978-7-5168-3651-4			
定　　价：300.00 元（全 10 册）			